ALLOCUTION

DE M. LE CURÉ DE TRÉVOUX

A la Société des Dames de Charité

réunies le vendredi 21 novembre 1884

pour nommer une Présidente,

en remplacement de

MADAME VALENTIN-SMITH,

NÉE ANTOINETTE GARCIN

Décédée à Trévoux, le 23 juin 1884,

inhumée à Lyon.

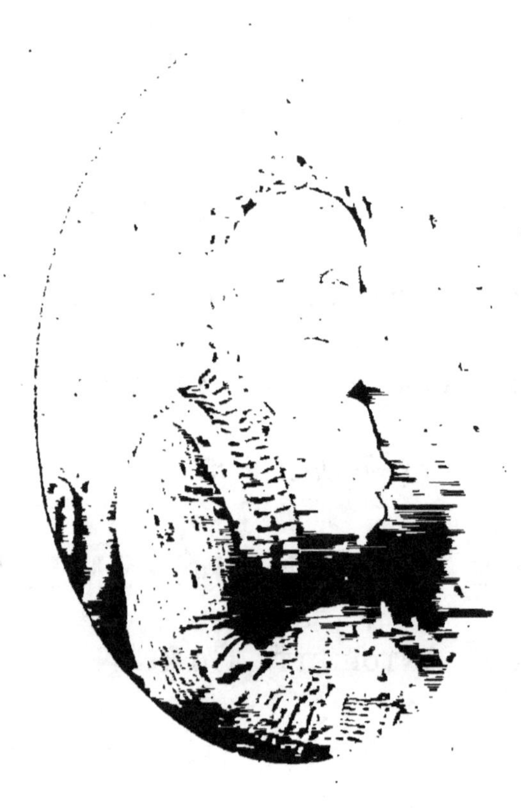

ALLOCUTION

A la Société des Dames de Charité

réunies le vendredi 21 novembre 1884

pour nommer une Présidente,

en remplacement de

MADAME VALENTIN-SMITH,

NÉE ANTOINETTE GARCIN

Décédée à Trévoux, le 23 juin 1884,

inhumée à Lyon.

Imprimé par décision du Bureau de l'Œuvre de Charité.

la Présidente,

Mme THIÉBAUT.

Mesdames,

J'aurais voulu rendre plus tôt l'hommage qui est dû à notre respectable et regrettée Présidente, Madame Valentin-Smith. C'est devant notre Société réunie que je devais le faire ; je n'ai pu remplir ce devoir qu'aujourd'hui.

Une vie qui fut l'exemple des plus douces vertus, ne s'éteint pas sans laisser dans les cœurs une trace profonde de souvenirs et de regrets, et, quelles qu'aient été les relations, intimes ou non, avec une femme vénérée, quand elle a disparu, on sent qu'un vide s'est fait, et ce sentiment est une tristesse.

J'ai vu Madame Valentin-Smith dans sa famille ; elle y goûtait le bonheur le plus enviable : la paix, l'affection, les hommages rendus à l'honorabilité de son mari, dont le nom sera inscrit parmi les gloires de son pays ; elle voyait sous l'égide de ses fils et par la sollicitude éclairée de ses belles-filles, se préparer l'avenir dans les groupes charmants de ses petits-enfants ; tout était l'œuvre de son cœur, de son âme calme et chrétienne qui rayonnait, pour ainsi dire, dans l'intérieur de sa famille, y prévoyait tout, suffisait à tout avec une tendresse qui se donnait à tous et n'avait d'égale que son oubli d'elle-même.

Hélas ! ce bonheur a été cruellement atteint ! Lorsqu'il semblait devoir durer longtemps encore, des troubles se manifestèrent dans sa santé et le courage ne suffisant plus à dompter le mal, il fallut en venir aux soins et se livrer à la science des docteurs. Ce fut une nouvelle phase des vertus de Madame Valentin-Smith : la patience, la soumission à la volonté de Dieu et toujours le calme et la paix d'une âme contenue, comme si elle eut craint de causer autour d'elle des inquiétudes ou des alarmes qui eussent été une peine ou la douleur de son mari et de ses enfants. Elle arrivait ainsi au moment de sa couronne ; elle ne la voyait pas peut-être, mais elle l'espérait. Son cœur s'élevait vers Dieu, tandis que son regard s'attachait plus longtemps sur ces objets sacrés : la croix, son chapelet. Elle voulut entendre, pour s'y soumettre, les exhortations du prêtre et reçut avec foi et ferveur les sacrements qui sanctifient la fin chrétienne. Des paroles furent dites, de résignation devant Dieu, de reconnaissance pour ses enfants, de tendresse suprême pour son mari et son âme purifiée et prête s'est envolée au ciel.

Il y avait trente-sept ans que Madame Valentin-Smith appartenait à notre Œuvre et quatorze ans qu'elle en était la Présidente. Je ne crois rien exagérer des mérites de son zèle, de son dévouement aux pauvres, de son affabilité pour eux douce et accueillante, en disant qu'elle fut l'exemple de la vraie charité. Jamais elle ne rebuta un pauvre, ne négligea un malade ; le malheureux recevait d'elle le secours et la parole de résignation et de courage. Elle aima surtout les mères et s'assurait des soins à donner aux chères créatures qui trouvent sur le seuil de la vie la détresse et la souffrance. Ses aumônes étaient discrètes, ignorées et sans bruit ; le silence lui semblait la modestie nécessaire de la charité. On médit quelquefois des pauvres ; c'est peut-être un peu leur faute ; jamais, dans nos réunions, Madame Valentin-Smith n'eut contre eux la moindre parole. Elle pratiquait vis-à-vis des pauvres, cette grande et généreuse vertu qui fut le trait saillant de son caractère : ne médire de personne ! Vous trouveriez là le secret de ses relations sûres et bienveillantes et du deuil unanime qui se fit à l'annonce de sa mort.

La charité est sa couronne au ciel ; elle est aussi de Madame Valentin-Smith, un souvenir précieux après elle, au milieu de nos pauvres, car elle ne les a point oubliés. Elle n'a pas voulu que sa main fermée par la mort restât impuissante à les soulager. Sa main est toujours ouverte : des libéralités assurées ont été confiées à ses enfants, qui se font un honneur de consacrer le souvenir de leur mère vénérée, par les traditions charitables qu'ils continueront en son nom.

Souvenons-nous donc, Mesdames, de notre

chère Présidente ! Elle laisse à notre Association l'héritage des bons exemples d'une belle âme et d'une vraie chrétienne.

Que sa famille agrée cet hommage de nos respects et de nos regrets et veuille bien y reconnaître l'expression de notre sincère et affectueuse condoléance.

Trévoux. — Imprimerie Jeannin

Regarde, mon âme ... et vois s'il peut t'aimer.

Ô bon et très doux Jésus, je me prosterne à genoux en votre présence, et je vous prie et vous conjure avec toute la ferveur de mon âme de daigner graver dans mon cœur un de vos sentiments de foi, d'espérance et de charité, un vrai repentir de mes égarements et une volonté très ferme de m'en corriger, pendant que je considère en moi-même, et que je contemple en esprit vos cinq plaies avec une grande affection et une grande douleur, ayant devant les yeux ces paroles prophétiques que prononçait déjà le Saint Roi David de vous, ô bon Jésus : ILS ONT PERCÉ MES MAINS ET MES PIEDS, ILS ONT COMPTÉ TOUS MES OS.

Souvenez-vous dans vos Prières
de

Madame Antonia VALENTIN-SMITH

née **GARCIN**

entrée dans le repos du Seigneur

le 23 Juin 1884

dans sa 71e année

*Elle a ouvert ses mains à l'indigent
elle a étendu ses bras vers le pauvre.*
(Eccl. XXV)

*Nous l'avons aimée, ne l'abandonnons
pas, que nous ne l'ayons introduite par
nos larmes et par nos prières dans la
maison du Seigneur.* (St Ambroise)

*Ses enfants se sont levés et l'ont pro-
clamée bienheureuse; son époux s'est aussi
levé et a chanté ses louanges.*
(Prov. XXXI, 27 – 28)

*Miséricordieux Jésus, donnez-lui le
repos éternel.* (Ind. de 7 ans et 7 quarant.)

9 782013 689885